Vorwort

Für viele Kinder ist ein eigenes Haustier ein Herzenswunsch. Dabei sind das Wissen um die Bedürfnisse eines tierischen Freundes und ein respektvoller, artgerechter Umgang die entscheidende Grundlage für ein langes und glückliches Zusammenleben von Mensch und Tier.

Das Buch „Beste Freunde auf vier Pfoten – Familienleben mit Hund und Katze" möchte Kinder und ihre Familien für einen verantwortungsbewussten und achtsamen Umgang mit Haustieren sensibilisieren und die richtige Kommunikation zwischen Haustieren und Menschen fördern. Für die jungen Tierfreunde findet sich im vorderen Teil des Buches eine kindgerechte Vorlesegeschichte rund um die Hauptfiguren Emma und Ben und ihre beiden Haustiere. Der zweite Teil wendet sich als Ratgeber an Erwachsene und bespricht die wichtigsten Themen, die vor der Anschaffung eines Haustieres und im Zusammenleben zu bedenken sind. Am Beispiel Hund und Katze zeigen wir auf, welche Unterschiede und Besonderheiten es bei unterschiedlichen Tierarten gibt – von der Körpersprache über das Verhalten bis hin zur artgerechten Haltung.

Ein Tier bei sich aufzunehmen kann eine große Freude sein, bedeutet aber auch eine große Verantwortung. Mehr Zeit für Kinder e. V. und die Initiative „Liebe fürs Leben – Tierschutzunterricht für Schulkinder" möchten mit diesem Buch ihre Erfahrungen und fundierten Kenntnisse rund um das Thema Heimtiere im Familienleben teilen und Sie als aktuellen oder zukünftigen Haustierhalter in wichtigen Belangen unterstützen.

Wir wünschen allen großen und kleinen Tierfreunden viel Spaß beim Lesen!

Liebe fürs Leben – Tierschutzunterricht für Schulkinder

bpt bundesverband praktizierender tierärzte e.v.

Mehr Zeit für Kinder

Liebe auf den ersten Blick

„Guck mal, wie süüüß!“ Statt in Bens Begeisterungsrufe einzustimmen, reagiert seine Freundin Emma genervt. „Wir kommen noch zu spät in die Schule, wenn du jedem Hund hinterherstarrst. Warum fragst du nicht deine Eltern, ob sie dir einen Hund kaufen?“

Ben senkt den Kopf. „Das habe ich doch schon längst getan. Aber sie meinten, dass man sich das vorher gut überlegen muss. Weil ein Hund nicht nur süß ist, sondern auch viel Arbeit macht.“ Für Bens Geschmack überlegen Mama und Papa schon viel zu lange. Denn Geduld ist nicht gerade seine Stärke.

Urlaub bei Ben

Als Ben nach der Schule nach Hause kommt, sind seine trüben Gedanken schnell verflogen. Erst recht, als er von Mamas Überraschung hört. „Oma fährt bald zur Kur, dann wird Lupo für sechs Wochen bei uns wohnen!“ Ben hüpft vor Freude in die Luft. Terrier Lupo ist sein Freund, seitdem er als Welpe zu Oma gekommen ist. Leider wohnt Oma Hilde in einer anderen Stadt. So kann Ben Lupo nicht so oft sehen, wie er will.

„Was wir in sechs Wochen alles zusammen machen können“, träumt der Junge vor sich hin: „Spielen, kuscheln, über die Wiesen stromern ...“

Doch als Lupo ankommt, verweist Mama erst mal auf die Liste, die Oma dagelassen hat. Auf ihr steht, was Lupo essen darf und was nicht, wann er Gassi gehen und sein Fell gebürstet werden sollte – und viele andere nützliche Tipps, die Ben nicht ganz so spannend findet.

Seine Schwester Annie schlägt vor, nachmittags mit Lupo Gassi zu gehen. Annie ist schon 18 und der Terrier gehorcht ihr gut.

„Ich komme mit!“, ruft Ben begeistert.

Terrier Lupo will raus – bei Wind und Wetter

Doch dieser Donnerstag ist kein Tag, um rauszugehen, findet Ben. Es ist kalt und windig. Und außerdem will er nach den Hausaufgaben am Computer spielen. Schließlich hat er das schon drei Tage nicht gemacht. Das muss auch Annie einsehen, als sie ihn abholen kommt.
Doch Annie ist richtig sauer: „Und wo soll Lupo auf die Toilette gehen? Er muss sein Geschäft draußen erledigen. Außerdem braucht er auch Auslauf, um sich richtig wohlzufühlen.“

Lupo steckt seinen Kopf durch die Tür und bellt zweimal kurz. So, als wolle er Ben auffordern: „Komm mit, du Faulpelz!“

Als Annie sagt: „Wir gehen heute alleine!“, wendet sich der Terrier sofort ab und folgt dem Mädchen fröhlich mit dem Schwanz wedelnd nach draußen.

Ben schaut den beiden aus dem Fenster zu, wie sie in Richtung Park gehen. Annie hat sich in eine dicke Jacke eingemummelt, und auch Lupo friert offensichtlich kein bisschen. Ben ist enttäuscht, dass der Hund ihn nicht zu vermissen scheint. Sein Computerspiel macht ihm an diesem Tag irgendwie keinen Spaß mehr.

„Wenn du fröhlich bist, freue ich mich auch“

Bens Gedanken wandern immer wieder zu Lupo und Annie. Ob der Hund sie wohl lieber mag als ihn? Zu Annie kommt er immer, wenn sie ihn ruft. Zu ihm manchmal auch nicht. „Ob es daran liegt, dass Annie mehr bei den Dingen hilft, die auf Omas Liste stehen? Aber im Streicheln und Spielen bin ich Weltmeister! Und das braucht Lupo schließlich auch“, murmelt Ben trotzig vor sich hin. Sicher, ob das reicht, ist er sich allerdings nicht. Deshalb schmiedet er einen Plan.

„Darf ich dir heute Abend helfen, Lupo zu füttern?“, fragt Ben die Mutter in der Küche. Mama schaut ihn erstaunt an. „Wenn du es dir bis dahin nicht wieder anders überlegst.“ Ben schüttelt den Kopf. „Nein, bestimmt nicht. Ich gehe jetzt auch jeden Tag mit Annie und Lupo spazieren. Versprochen!“

Lupo freut sich riesig, als der Junge ihm am Abend seinen Futternapf bringt. Ben ist so stolz, dass er dem Hund nicht von der Seite weicht. „Ich bringe dir jetzt jeden Abend dein Futter.“ Als er Lupo streicheln will, knurrt der ihn ärgerlich an.

„Lass Lupo alleine fressen“, sagt Mama. „Wenn du ihm die ganze Zeit zuschaust, denkt er, dass du ihm etwas wegnehmen willst. Und das lässt er sich nicht gefallen.“ „Okay, morgen gehe ich gleich weg, bis er fertig ist“, meint Ben. Und er hält Wort – wie mit allem anderen auch.

Annie muss ihren Bruder nie mehr an die gemeinsamen Spaziergänge erinnern. Ben wartet jetzt immer schon mit Lupo im Flur auf sie, um in den Park zu gehen. Lupo hat dort Hundefreunde gefunden, die er bei jedem Wiedersehen freudig begrüßt. Die Geschwister verstehen sich mit einigen Herrchen und Frauchen der anderen Hunde und deren Kindern genauso gut.

Ben spielt mit Lupo auf der Wiese. Einer der Jungen aus dem Park fragt ihn: „Kann ich mitmachen?“ „Na klar!“ Die beiden stellen begeistert fest, dass sie abgesehen von ihren Vierbeinern noch andere gemeinsame Interessen haben – zum Beispiel Fußball. Beim Abschied verabreden sie sich mit ihren Hunden für die nächsten Tage wieder im Park.

Wieso sagen wir eigentlich *Herrchen* und *Frauchen*?

Der Wolf ist der Stammvater der heutigen Hunderassen. Wölfe leben in Rudeln, in denen es einen Chef und eine Rangordnung gibt, nach der sich alle richten. Denn nur damit können das Zusammenleben und die Aufgabenverteilung funktionieren.

Für den Hund ist heute die Familie, in der er als Haustier lebt, eine Art Rudel. Herrchen bedeutet wörtlich „Herr des Hundes“. Das Frauchen nimmt die gleiche Rolle ein, und der Hund sieht beide als Chefs „seines Rudels“.

Keks passt toll zu uns

Ben freut sich, Oma nach der Kur wiederzusehen, aber er ist auch sehr traurig, sich wieder von Lupo trennen zu müssen. Papa nimmt ihn tröstend in den Arm. „Da du dich immer super mit Annie um Lupo gekümmert hast, sind Mama und ich jetzt mit einem eigenen Hund für uns vier einverstanden." „Juhu!!!" Was der Vater noch sagt, geht in Bens Jubel unter. Ein bisschen muss er sich aber immer noch gedulden.

Mama, Papa, Annie und Ben informieren sich erst einmal, welcher Hund gut zu ihrer Familie passen könnte. Denn schließlich gibt es nicht nur Terrier wie Lupo oder Schäferhunde wie Rex aus der Nachbarschaft, sondern ganz viele unterschiedliche Hunderassen.

So vielseitig – und doch einzigartig

Alle Lebewesen sind einzigartig, so natürlich auch Hunde. Doch Tiere einer bestimmten Rasse – und davon gibt es sehr viele – haben auch gemeinsame Wesenszüge.

Sie wurden schon vor langer Zeit für spezielle Aufgaben herangezogen, die sie zum Teil bis heute erfüllen: zum Beispiel als Spürhunde, Hütehunde, Wachhunde oder Jagdhunde.

Die nützlichen Eigenschaften, die die Hunde zum Erfüllen dieser Aufgaben brauchten, prägen auch das Wesen ihrer Nachkommen mit.

Unter Oma Hildes Freunden ist auch ein Züchter von Labradoren, die allen ganz gut gefallen. Als Ben sich bei einem Besuch beim Züchter auf den ersten Blick in einen der Welpen aus dem jüngsten Wurf verliebt, ist die Entscheidung endgültig gefallen.

Mittlerweile ist der kleine Welpe, für den Ben gemeinsam mit Annie den Namen *Keks* ausgesucht hat, schon richtig groß geworden. Er geht mit Mama in die Hundeschule, während Ben in seiner eigenen Schule lernt.

Auch mit Lupo versteht Keks sich gut, obwohl der Terrier am Anfang eifersüchtig war und dem Labrador zeigen wollte, dass Omas Haus sein Revier ist. Sie brauchten etwas Zeit und Unterstützung, um sich aneinander zu gewöhnen, sind aber inzwischen – so wie Ben und beide Hunde – Freunde fürs Leben geworden.

Schau mal, was Hund und Katze dir verraten!

Emma und Ben stürmen aus dem Klassenzimmer. Das Mädchen faucht wie ein Puma und lacht. „Jetzt weiß ich auch, warum meine Katze Stubentiger genannt wird. Socke ist ein Raubtier."

„Keks auch", meint Ben, der die Unterrichtsstunde über Hunde und Katzen genauso spannend fand wie Emma. „Als Socke und Keks sich das erste Mal begegnet sind, haben sie sich wirklich wie Raubtiere aufgeführt." Ben erinnert sich noch gut daran, wie Socke fauchend auf den Baum flüchtete, als Keks knurrend und kläffend in ihre Richtung lief. „Gut, dass es einen Zaun zwischen unseren Gärten gibt." Emma knufft den Freund in die Seite.

„Mein Papa hat gesagt, die beiden verstehen sich jetzt viel besser, weil Socke die Hunde- und Keks die Katzensprache gelernt hat." Ben hält sich den Bauch vor Lachen. „Emma, du spinnst. Hast du Keks schon mal miauen oder Socke bellen hören?" „Du hast einfach keine Ahnung", gibt Emma eingeschnappt zurück. „Die beiden machen nicht nur ‚wuff, wuff' oder ‚miau', sie reden auch mit ihren Ohren, Augen, der Nase, dem Schwanz, den Pfoten, den Tatzen und den Haaren. Oder wie erkennst du, ob Keks sich freut oder wütend ist?"

Ohne ein weiteres Wort zu sagen, stampft Emma heftig mit dem Fuß auf und lässt Ben einfach stehen.

Das kenne ich doch irgendwoher ...

Menschen lachen, wenn sie froh sind, und sie weinen, wenn sie etwas traurig stimmt. Sind sie zornig, stampfen sie manchmal wie Emma mit dem Fuß auf. Dieses Reden ohne Worte wird Körpersprache genannt. Einiges von unserer Körpersprache und unserem Verhalten haben wir sogar mit den Tieren gemeinsam.

Hunde und Katzen können es nicht leiden, wenn sie angestarrt werden. Vor allem, wenn sie die Person nicht gut kennen. Sie können sich dadurch bedroht und Hunde durch den direkten Augenkontakt mit Fremden sogar zum Kampf herausgefordert fühlen. Auch Menschen verunsichern bohrende Blicke. Sie fragen sich zumindest, welchen Grund es dafür geben könnte.

Hunde und Katzen machen sich klein oder verstecken sich unterm Bett, wenn sie Angst haben. Vielleicht hast du das schon mal bei deinen kleinen Geschwistern gesehen.

Wenn Hunde cool sein wollen und ihr Revier markieren, wird ihr Gang steifer. Bei Teenagern, die andere beeindrucken möchten, ist das ähnlich.

Aha!

Wissenschaftler zählen Hunde und Katzen tatsächlich zu den Raubtieren. Als sie noch nicht von Menschen gefüttert wurden, haben sie ihre tierische Beute nämlich selbst gejagt.

Aber beide leben seit vielen Tausend Jahren freundschaftlich mit uns zusammen, sodass wir, wenn wir heute von Raubtieren sprechen, eigentlich an mit Socke entfernt verwandte Großkatzen wie Löwen oder Tiger denken.

Socke hat einiges zu sagen

Am Morgen nach dem kleinen Streit ist Emma immer noch ziemlich sauer auf Ben. Socke rekelt sich in der Küche genüsslich auf dem Boden. Als sie sich auf den Rücken dreht und Emma ihre Katze gedankenverloren am Bauch streicheln will, fährt Socke abwehrend ihre Krallen aus. „Lass das, ich mag das gar nicht. Du weißt doch, ich bin da empfindlich!"

Emma reibt sich Augen und Ohren. „Jetzt fange ich wirklich an zu spinnen", denkt sie. „Tiere können doch gar nicht sprechen. Wahrscheinlich bin ich noch nicht richtig wach."

Nach dem Frühstück sagt Mama zu Emma: „Ich mache noch die Katzentoilette sauber und fahre dann zur Arbeit. Denk bitte daran, die Haustür richtig zu schließen, bevor du gehst. Damit Socke nicht weglaufen kann." „Okay!"

Emma ist froh, dass Socke ihre eigene Toilette hat und morgens nicht wie Keks Gassi gehen muss. Denn nach dem Frühstück verkriecht sich das Mädchen gerne noch mal unter der Decke, um ein paar Minuten in seinem Lieblingsbuch zu lesen. Bevor Emma zur Schule geht, verabschiedet sie sich: „Tschüss, Socke, viel Spaß auf deinem Kletterbaum." „Hast du nicht was vergessen?" Emma zupft sich wieder an den Ohren. Socke steht neben ihr und sieht sie auffordernd an.

„Ach ja, damit du klettern und dich dann auf deinem Aussichtsplatz ausruhen kannst, muss ich dir ja erst mal die Tür zum Wohnzimmer aufmachen." Emma beugt sich zu Socke hinunter, die das Köpfchen schnurrend an ihrem Bein reibt, und streichelt sie. „Ja, ich weiß, dass du schmusen willst. Verrat es mir: Hast du über Nacht etwa sprechen gelernt?" Aber dieses Mal antwortet die Katze nicht.

Aha!

Katzen sind von Natur aus keine Rudeltiere, auf der Jagd sind sie Einzelgänger. Als Haustiere leben Katzen mit Menschen heute gerne in einer Wohnung zusammen. Einige Katzen mögen es, ein eher unabhängiges Leben zu führen und selbst zu bestimmen, wann sie gestreichelt werden – andere Katzen wiederum sind sehr gesellig und spielen gerne mit „ihren" Menschen.

Emma ist verwirrt

Das muss Emma gleich Ben erzählen. Kann es sein, dass sie nicht irgendeine Katze hat, sondern die einzige Katze auf der Welt, die wie ein Mensch sprechen kann? Der Streit mit dem Freund ist über dieser aufregenden Neuigkeit vergessen. Sie klingelt Sturm, als sie ihn wie jeden Morgen abholt.

Bens Mama öffnet die Tür und noch bevor Ben seine Jacke angezogen hat, wird Emma von Keks begrüßt. Er beschnuppert neugierig ihre Hand und gibt ihr dann einen leichten Stups mit der Nase: „Schön, dass du da bist, Emma."

„Nanu, kann ich plötzlich etwa auch Keks verstehen?", wundert sich Emma.

Während sie auf Ben wartet, der sich von seiner Mutter verabschiedet, erzählt ihr Keks ein Geheimnis, wie sie Hunde besser verstehen kann. Emma beschließt, ihrem Freund lieber nichts davon zu verraten, sonst würde er sie wirklich für verrückt halten.

Es geht auch ohne Worte

Die Worte von Keks noch im Ohr, hört Emma im Hintergrund leise ihre Katze miauen. „Was hast du denn, Socke?“, fragt sie erstaunt.

„Socke? Was macht denn Socke hier bei Ben?“ Mit einem Mal ist Emma hellwach und schaut sich erschrocken um. Nein, sie ist nicht mit Ben unterwegs, sondern liegt zu Hause in ihrem Bett.

„Schade, dann habe ich das alles doch nur geträumt und kann gar nicht mit Hunden und Katzen sprechen!“ Doch viel Zeit zum Bedauern bleibt Emma nicht. „Aufstehen, du Schlafmütze, du hast verschlafen!“, ruft Papa jetzt schon zum dritten Mal.

„Du bist aber spät dran“, meint auch Ben, als Emma ihn endlich abholt. Obwohl die beiden es eilig haben, trödelt er – wie immer. Auf dem Schulweg begegnen den Kindern heute Hunde, die Ben am liebsten alle gleich persönlich begrüßen würde. Aber Emma kann die Körpersprache der Tiere – dank des Geheimnisses, das ihr Keks im Traum verraten hat, – heute verstehen und erklärt sie Ben.

Ben ist erstaunt: „Woher willst du das eigentlich alles wissen? Schließlich bin ich doch der Hundeexperte. Du hast doch nur eine Katze!“ Jetzt dreht Ben den Spieß um und redet in der Schule kein Wort mehr mit der Freundin.

Die Welt mit den Augen eines Hundes sehen

Wie Emma von Keks erfahren hat, mögen es nicht alle Hunde, wenn sie stürmisch begrüßt oder gestreichelt werden. Denn woher sollen sie wissen, ob die fremden Menschen es – wie Ben – gut mit ihnen meinen. Sie zeigen ihre Stimmung durch ihre Körperhaltung:

Frag erst mal mein Herrchen, ob ich dich kennenlernen darf. Danach schaue mich an und prüfe, ob ich dazu Lust habe.

Bleib meinem Revier fern. Das verteidige ich notfalls auch mit meinen Zähnen. Denn du könntest ja ein Einbrecher sein.

Wenn ja, geh ruhig und langsam von vorne auf mich zu, damit ich deinen Handrücken beschnuppern kann. Das ist meine Art, mehr über dich zu erfahren und dich, wenn ich es will, auch zu begrüßen.

Bitte bleib mir fern und fass mich nicht an. Ich kann nicht weglaufen, um unerwünschten Berührungen zu entkommen. Das macht mir Angst.

Damit es keine Missverständnisse gibt

Als Ben am Nachmittag nach Hause kommt, sagt er zu seiner Mutter: „Emma ist eine Angeberin." „Warum denn das?" „Sie glaubt, sie weiß mehr über Hunde als ich. Dabei kenne ich mich viel besser mit Keks aus als sie. Ich habe euch gut zugehört, als ihr mir erzählt habt, was er mag und was er nicht leiden kann."

„Keks kann es nicht leiden", fasst Ben zusammen, „gestört zu werden, wenn er seine Ruhe haben will oder schläft. Sein Spielzeug darf ich ihm auch nicht wegnehmen, sonst denkt er, ich will es behalten. Keks kann auch böse werden, wenn wir in seiner Nähe zu laut und zu wild spielen."

„Das ist bei allen Hunden so." Mama nickt. „Keiner mag es, wenn er geärgert oder angeschrien wird. So wie wir auch. Hunde und Menschen können toll miteinander leben – solange die Tiere richtig behandelt werden, wie unser Keks. Aber selbst wenn du dich noch so gut mit ihm verstehst, heißt das nicht, dass das bei allen anderen Hunden immer genauso ist. Manche haben vielleicht schlechte Erfahrungen mit anderen Menschen gemacht und reagieren deshalb anders als Keks."

„Aber ich finde Hunde doch so süß", erwidert Ben. „Die meisten Menschen finden auch Kinder süß. Aber möchtest du wirklich von jedem einfach angefasst werden?", fragt Mama. „Nein!" „Siehst du, Hunde auch nicht. Lass sie in Ruhe, wenn sie durch ihre Körpersprache zeigen, dass sie den Kontakt zu dir nicht von selbst möchten. Denn sie können sich nicht mit Worten erklären, wenn sie Angst haben oder wütend sind.

„Hast du das alles in der Hundeschule gelernt?", will Ben wissen. „Einiges wusste ich auch schon vorher", sagt Mama. „Übrigens ist dort am Samstag Familientag. Hast du Lust mitzukommen?" „Na klar!"

Gemeinsam mit Keks die Schulbank drücken

Während Mama mit einer Hundetrainerin und Keks einige Übungen wiederholt, geht Ben mit anderen Kindern in einen Kurs mit Trainer Tim. Dort lernen alle etwas darüber, wie Hunde mit ihrem Körper reden. Oder auch, wie man sich gegenüber fremden und eigenen Tieren am besten verhält.

Ben ist stolz, als er Emma am Montag noch vor der Schule davon erzählt, was er alles in der Hundeschule erfahren hat. Denn natürlich wusste sie auch noch nicht alles. Zum Beispiel, dass man nie vor einem Hund weglaufen soll, selbst wenn man Angst hat. „Sonst bekommt er nämlich automatisch Lust zu jagen. Bleib lieber still stehen wie ein Baum und schau den Hund nicht an. Oder hast du schon mal einen Hund Bäume jagen sehen?“

Emma lacht. Ben macht ihr vor, was Tim ihm gezeigt hat. Und sie versucht es gleich nachzumachen. Der Freund schüttelt den Kopf. „Nein, die Arme musst du unten lassen.“ Keks guckt interessiert zu, was die beiden da so machen.

„Komm Keks, wir zeigen Emma schnell noch den kleinen Trick, den wir mit Tim eingeübt haben.“ Die Freundin ist beeindruckt.

„Ob es auch eine Katzenschule gibt?“, fragt Ben. „Bestimmt nicht. Puh, ich glaube, meine Socke würde den Trubel und die fremde Umgebung in einer Katzenschule gar nicht mögen. Bei den wichtigen Sachen gehorcht sie ja. Aber sie hat auch gerne mal ihre Ruhe vor uns.“

Socke muss zum Tierarzt

„Fieberthermometer, Spritze, Stethoskop, Schere …“ Emma packt ihren Arzt-Spielzeugkoffer aus und sagt: „Jetzt fehlt nur noch der Patient. Socke, wo bist du?“ „Socke ist doch kein Spielzeug!“, schimpft die Mutter, die gesehen hat, dass sich die Katze vor Emma unter dem Sofa versteckt. „Aber sie muss doch morgen sowieso zum Tierarzt. Da wollte ich schon mal ein bisschen üben.“ „Überlass das mal Dr. Meyer, der ist Experte und kennt sich damit besser aus.“
Als Emma Ben erzählt, dass sie ihn am nächsten Tag nicht treffen kann, weil sie mit Mama und Socke zum Tierarzt gehen möchte, fragt Ben besorgt: „Ist deine Katze krank?“

„Nein, sie wird geimpft. Damit sie sich nicht bei anderen Tieren ansteckt und besser vor schweren Krankheiten geschützt ist.“

Ben verzieht das Gesicht. Auch er war neulich beim Kinderarzt, um gegen Kinderkrankheiten geimpft zu werden, und er mag keine Spritzen. Aber wenn er hinterher ein cooles Kinderpflaster bekommt, ist der Piks schnell wieder vergessen.

„Kann ich mitkommen?“, fragt Ben. Seine Eltern waren bisher immer alleine mit Keks beim Tierarzt. Aber wenn Emma mitgeht, will er es das nächste Mal auch probieren. Damit er Keks trösten kann, falls auch er Angst vor Spritzen hat.

Ob es Socke wohl genauso geht? „Zusammen können wir meine Katze im Auto besser ablenken“, freut sich Emma, als Mama einverstanden ist. „Denn Socke fährt gar nicht gerne Auto.“

Au Backe, ein Hund mit Zahnweh

Im Wartezimmer von Dr. Meyer und seiner Kollegin Dr. Schmitt ist richtig viel los. Dort bellt, miaut und piepst es um die Wette. Hunde, Katzen, eine Schildkröte, eine kleine Wüstenspringmaus und ein Papagei, der Ben unaufhörlich „Hallo" ins Ohr schreit, warten mit ihren Besitzern darauf, dass sie zur Untersuchung in die Behandlungszimmer gerufen werden.

Ein Dackel, der nicht weit entfernt von Emma sitzt, schaut ziemlich leidend drein. „Er hat Zahnweh", erklärt sein Besitzer den Kindern. Ben staunt: „Ein Tierarzt ist auch Zahnarzt? Wie praktisch, dann müssen Keks und Socke ja nicht zu zwei verschiedenen Ärzten zur Kontrolle." Ob Dr. Schmitt wohl auch einen Bohrer hat? Egal, Keks hat da bestimmt nichts zu befürchten. Denn Mama und Papa putzen ihm mit seiner Hundezahnbürste und der Hundezahnpasta, die nach Hühnchen schmeckt, regelmäßig die Zähne.

Socke miaut leise in ihrer Transportbox: Sie weiß schon, was sie erwartet. Schließlich wird sie mindestens einmal im Jahr zur Kontrolle zu Dr. Meyer gebracht.

Gesundheitsvorsorge von A bis Z

Der Arzt untersucht auch dieses Mal mit dem Stethoskop Sockes Herz und Lunge und tastet vorsichtig den Körper der Katze ab. Dann schaut er sich gründlich Augen, Ohren, Haut, Fell und Zähne an.

Socke ist richtig tapfer. Sie maunzt nur einmal kurz, als sie die Impfung zum Schutz vor Katzenseuche und Katzenschnupfen bekommt. Auch gegen Tollwut wird sie geimpft, weil sie oftmals draußen ist. Dr. Meyer und seine Assistentin Tina kennen sich eben gut mit kleinen und großen Tieren aus: Sie wissen auch, wie Menschen am besten mit ihnen umgehen.

„Socke sieht prima aus", sagt Dr. Meyer. „Alles so, wie es sein soll – auch von kleinen Plagegeistern wie Flöhen, Zecken und Milben blieb sie verschont." Der Tierarzt stellt Emmas Mutter noch Fragen zu Sockes letzter Wurmkur, ihrer Ernährung und ihren Bewegungsmöglichkeiten, denn das alles spielt für ihre Gesundheit von A wie Augen bis Z wie Zähne eine wichtige Rolle.

Emma hat schon gesehen, dass Socke anderes Futter frisst als Bens Hund Keks. „Ja“, bestätigt Dr. Meyer. „Katzen und Hunde sind verschieden, daher benötigen sie auch unterschiedlich zusammengesetztes Futter. Katzen brauchen im Gegensatz zu Hunden mehr Fleisch. Es ist wichtig, dass jedes Tier genau das bekommt, was es braucht. Junge Tiere haben auch andere Bedürfnisse als ältere.“ Dr. Meyer lächelt: „So wie sie aussieht, hat es Socke an nichts gefehlt.“

„Darf ich ihr jetzt ein Leckerli geben, weil sie so tapfer war?“, fragt Emma. „Selbstverständlich“, sagt der Tierarzt. „Aber immer aufpassen, dass es nicht zu viele werden. Denn wenn Tiere zu dick werden, fühlen sie sich nicht mehr wohl.“ Ben lacht und hält sich den Bauch: „So wie ich auch, wenn ich zu viel genascht habe.“

Damit es allen gut geht

Die Gesundheitsvorsorge für Hund und Katze schützt auch Menschen vor Krankheitserregern, die Tiere übertragen könnten. Einiges kannst du – sicherheitshalber – auch selbst dafür tun: Lass dein Haustier weder in dein Bett noch an den Esstisch und wasche dir vor allem vor dem Essen gut die Hände.

Auf Nummer sicher gehen

Emmas Mutter hat auch noch eine Frage an den Tierarzt. Sie möchte demnächst neue Pflanzen kaufen, will aber vermeiden, dass darunter welche sind, die Socke – die manchmal an Gras und anderem Grünzeug knabbert – schaden könnten.

Dr. Meyer sagt: „Auf Azaleen, Alpenveilchen, Gummibaum und Weihnachtsstern sollten Sie auf jeden Fall verzichten, da sie für Katzen giftig sind. Ein Tipp: Sie können Katzengras anschaffen, um Ihre Katze davon abzuhalten, an den Pflanzen und Blumen in der Wohnung zu knabbern."

Pflege, Schutz und Sicherheit

Ein Haustier ist ein Lebewesen mit vielen Gefühlen – so wie du und ich. Es braucht unsere Pflege und unseren Schutz, ob es gesund oder auch mal krank ist, und eine Umgebung, in der es sich wohlfühlt und sicher ist. Hund und Katze sind darauf angewiesen, dass wir uns ausreichend um sie kümmern. Mit allem, was sie brauchen. Das kostet Zeit und das nötige Geld. Jeder, der ein Tier in die Familie aufnehmen möchte, sollte sich vorher auch mit den Kosten vertraut machen.

Er gibt ihr noch eine Liste von weiteren Pflanzen, Gegenständen und Mitteln im Haus mit, die Socke gefährlich werden könnten.

Nachdem sie sich von dem netten Arzt und seiner Assistentin verabschiedet haben, warten Emma und Ben mit Socke noch im Wartezimmer, bis die Mutter die Rechnung für die Behandlung am Empfang gezahlt hat.

Socke linst wieder neugieriger aus ihrer Box. „Siehst du, das war doch gar nicht schlimm", sagt Emma zu ihr. Wie zur Bestätigung schnurrt die Katze zufrieden vor sich hin.

Liebe fürs Leben

Tierschutzunterricht

„Bist du ein Tierfreund?" Wer Kindern diese Frage stellt, erhält als Antwort garantiert ein lautes Ja. Viele Kinder im Alter zwischen sechs und zehn Jahren möchten ein eigenes Haustier. Denn mit Hund, Katze und Co. lässt es sich herrlich spielen, toben und knuddeln. Die wenigsten wissen aber, dass mit einem Vierbeiner auch jede Menge neue Verantwortung zu Hause einzieht. Hier setzt das Projekt „Liebe fürs Leben – Tierschutzunterricht für Schulkinder" an, mit dem sich der Bundesverband Praktizierender Tierärzte e. V. (bpt) und der Tiernahrungshersteller Purina an Schulen in ganz Deutschland wenden.

Eigens geschulte Tierschutzlehrerinnen und Tierschutzlehrer sowie Tierärzte vermitteln den Schulkindern anschaulich und einfühlsam: Ob Hund, Katze oder Kaninchen – alle Tiere haben individuelle Bedürfnisse, die es zu beachten gilt, damit aus der Liebe auf den ersten Blick auch eine dauerhafte Freundschaft mit dem süßen Vierbeiner wird.

So macht Lernen tierisch Spaß!

„Warum mag ein Hund es nicht, an Kopf oder Nase angefasst zu werden?" „Mein Hund liebt es, wenn ich seinen Bauch streichle – Tobis Katze aber gar nicht!" Die Tierschutzlehrerinnen und Tierschutzlehrer greifen Erfahrungen und Erlebnisse der Kinder auf, um mit ihnen malend, rätselnd und forschend Tierfreunde-Regeln für einen respektvollen und artgerechten Umgang mit den Vierbeinern zu erarbeiten. Nicht erst wenn Stoffhund Keks und Stoffkatze Socke zum Üben ins interaktive Spiel kommen, wird deutlich: So macht Lernen tierisch Spaß.

Die in Zusammenarbeit mit erfahrenen Pädagogen und Tierschutzexperten erstellten Unterrichtsmaterialien der Initiative „Liebe fürs Leben" können schon ab dem ersten Schuljahr eingesetzt werden. Sie sprechen die Schüler mit altersgemäßen Texten und Illustrationen, Checklisten und einem Klassenposter an.

Klar, dass die jungen Tierfreunde für das, was sie an Hintergrundwissen und zum Umgang mit kleineren und größeren Haustieren gelernt haben, auch ein Diplom bekommen. Es zeigt Mama, Papa, Oma, Opa und den Geschwistern: Mit dem, was ich jetzt weiß, bin ich ein echter Experte und Tierfreund.

Mehr Informationen zum kostenlosen Angebot „Liebe fürs Leben – Tierschutzunterricht für Schulkinder" gibt es für interessierte Schulen und Eltern unter „www.liebefuersleben.net".

Kinder sind mit Riesenfreude bei der Sache

TV-Moderatorin und Autorin Nina Ruge ist Schirmherrin der Initiative „Liebe fürs Leben": „Da Kinder von Natur aus eine Leidenschaft für Tier und Natur entwickeln, wollen sie mit Riesenfreude alles Wissenswerte rund um die felligen oder gefiederten Mitbewohner erfahren", gibt die ehemalige Lehrerin ihre Erfahrungen wieder.

Nina Ruge, die selbst zwei Hunde hat, findet es goldrichtig, dass die Aktion „Liebe fürs Leben" bereits in der Grundschule ansetzt und den Kindern einen artgerechten Umgang mit Haustieren vermittelt. „So lernen sie, dass ihre tierischen Freunde ähnliche Empfindungen haben wie sie. Aus eigener Erfahrung weiß ich, dass man bereit sein muss, sich voll und ganz auf ein Tier und seine Bedürfnisse einzulassen – dann kann eine wunderbare Freundschaft wachsen."

Wir möchten ein Haustier!
Vorbereitung in der Familie

Wenn Kinder sich ein Haustier wünschen, sprechen auch aus Elternsicht gute Gründe für Hund und Katze: Die Tiere machen nicht nur Spaß und Freude, sie fördern auch das Selbstbewusstsein, wichtige soziale Kompetenzen und die Lernfähigkeit.

Die Vierbeiner brauchen aber auch viel Liebe, Aufmerksamkeit und die Möglichkeit, in ihrer Menschenfamilie ein artgerechtes Leben zu führen. Das kostet Zeit, Arbeit und Geld. Ein Grundschulkind kann zwar nach und nach mithilfe der Eltern oder Großeltern altersgemäße Aufgaben in der Pflege und Betreuung des Tieres übernehmen, die Verantwortung tragen jedoch die erwachsenen Besitzer: ein Hunde- und Katzenleben lang.

Deshalb sollten alle in der Familie aus Überzeugung und vollem Herzen Ja zum Haustier sagen. Die Anhaltspunkte auf der folgenden Checkliste können für ihre Entscheidung hilfreich sein:

✔ Genügend Zeit für Hund und Katze

Füttern, Fell- und Körperpflege, Bewegung, Spielen, Erziehung und Streicheleinheiten: Bleibt neben Beruf, Schule, Sport und Chor genügend Zeit, sich um das Haustier zu kümmern?

Bei einem Hund sind – abgängig von Bewegungsdrang und Haarkleid – täglich mindestens drei Stunden einzuplanen. Nicht zu vergessen: Selbst nach schrittweiser Gewöhnung sollte ein erwachsener Hund nie länger als drei bis vier Stunden am Tag alleine bleiben. Je weniger, desto besser.

Urlaub ohne Stress für Mensch und Tier

Es ist sinnvoll, ebenfalls im Vorfeld zu überlegen: Wer könnte die Pflege unseres Haustiers übernehmen, falls wir es nicht mit in den Urlaub nehmen können?

Katzen fühlen sich in ihrem eigenen Revier am wohlsten. Wenn Oma und Opa oder zuverlässige Nachbarn das Tier im gewohnten Umfeld versorgen, ist es zufrieden.

Hunde trennen sich nicht gerne von ihrer Familie: Sie reisen am liebsten mit – insofern die Voraussetzungen für eine stressfreie Anreise und einen tierfreundlichen Aufenthalt gegeben sind. Ansonsten geht es dem Hund bei einer Betreuung durch vertraute Personen am besten.

Eine Hauskatze braucht ähnliche Aufmerksamkeit wie ein Hund – sie sollte ausreichend Klettermöglichkeiten sowie einen Kratzbaum und Spielzeug haben, mit dem sie beschäftigt werden kann.

✔ Raum zum Bewegen, Spielen und Ausruhen

Es muss zwar nicht unbedingt das Haus mit Garten sein, für größere Hunde sind kleinere Wohnungen aber definitiv nicht geeignet. Ob groß oder klein: Gute Auslaufmöglichkeiten in der Umgebung sind für alle Hunde unerlässlich.

Hauskatzen, die keinen Freigang gewöhnt sind, können sich auch in Wohnungen unterschiedlicher Größe wohlfühlen. Sie sollten aber genügend Raum zum Entdecken, Klettern, Spielen und bei Bedarf zum gewünschten Rückzug bieten.

✔ Die Kosten im Auge behalten

Erkundigen Sie sich vorab, was als künftiger Hunde- oder Katzenbesitzer ungefähr an Kosten auf Sie zukommt. Mit den Anschaffungs- und Grundausstattungskosten, die stark variieren können, ist es nicht getan. Einzukalkulieren sind auch das Budget für Futter, Pflege, Katzenstreu, Tierarztkosten sowie Haftpflichtversicherung und Steuer beim Hund. Einige Versicherungen bieten auch einen Krankenversicherungsschutz für Tiere an.

Damit wir gut zueinander passen

Welches Tier eignet sich als neues Familienmitglied? So manche Vorliebe, die Familien mit ihrem Wunschtier teilen, kann dabei für das Wohl von Zwei- und Vierbeinern ausschlaggebend sein:

- Ist Ihre Familie aktiv und bei Wind und Wetter draußen in der Natur? Sie haben viel Zeit für Ihr Tier? Dann passt zu Ihnen sicher eine Hunderasse, die viel Beschäftigung benötigt und einen großen Bewegungsdrang hat!
- Sind Sie gerne mit Ihrem Haustier zusammen, zeitlich jedoch weniger flexibel? In diesem Fall sollten Sie ein Tier auswählen, das auch mal wenige Stunden am Tag alleine sein kann oder weniger Auslauf oder Zeit für Fellpflege braucht.

Informieren Sie sich bei der Wahl eines Tieres – egal ob Hund oder Katze – nach den unterschiedlichen Rassen und ihren Bedürfnissen.

! Klären Sie vor einer Entscheidung unbedingt, ob bei einem oder mehreren Familienmitgliedern eine Tierhaarallergie vorliegt.

Wer die Wahl hat ..., sollte sich gut informieren

Manche Hunderassen verfügen aufgrund der Aufgaben, für die sie ursprünglich gezüchtet wurden, über ein stärkeres Nervenkostüm, eine höhere Reizschwelle und mehr Geduld als andere. Das kann im Zusammenleben mit jüngeren Kindern, die unbedachter und gelegentlich auch ungewollt ruppig agieren, von Vorteil sein.

Dabei aber nicht vergessen: Die Eigenschaft kinder- oder familienfreundlich wird nicht gezüchtet, sondern in der Regel durch gute Erfahrungen und Erziehung erworben. Welpen, die in der „Kinderstube" – am besten schon beim Züchter – früh das freundliche Miteinander von Hund und Kindern erlebt haben, erfahren hier eine erste Prägung. Jedes Tier ist ein Individuum, dessen Charakter auch durch die Behandlung, die ihm widerfährt, geformt wird.

Wo kaufen wir welchen Hund?

Eltern sollten sich vor der Wahl ihres Wunschhundes genauer über weniger oder stärker ausgeprägte Wesensmerkmale der Rasse sowie Vor- und Nachteile für das Zusammenleben in der Familie informieren: Experten in seriösen Vereinen, Tierheimen, Hundeschulen wie auch Tierärzte können meist mit nützlichen Informationen weiterhelfen. Der Verband für das Deutsche Hundewesen (VDH) stellt auf seiner Internetseite unter anderem auch Informationen zu einzelnen Rassen und Züchtern, die vorgegebene Qualitätsstandards befolgen, zur Verfügung.

Persönliche Besuche beim Verkäufer sind immer wichtig. Zum einen, um zu sehen, unter welchen Umständen ein Tier zunächst aufwächst. Zum anderen, um sich die Geschwister und das Muttertier anzuschauen sowie mehr über den Vater zu erfahren. Das ist vor allem auch bei einem Mischlingshund wichtig. Denn bei einem Welpen ist weniger gut abzusehen, wie sich seine Größe und sein Wesen entwickeln werden.

Wenn Sie einem Hund aus dem Tierheim ein neues Zuhause geben möchten, ist es gut, so viel wie möglich über seine Vergangenheit zu erfahren. Denn er könnte unter Umständen durch schlechte Erfahrungen – vielleicht sogar mit Kindern – vorbelastet sein und sich möglicherweise schwieriger in eine Familie integrieren. Hier ist eine gute Beratung wichtig, um den passenden Hund für die eigene Familie zu finden.

Fragen erwünscht

Blicke in die Vergangenheit sind – wenn möglich – auch bei Katzen angebracht, die im Tierheim auf neue Besitzer warten.

Junge Hauskatzen können sich sehr unterschiedlich entwickeln, teurere und oft auch pflegeintensivere Rassekatzen weisen auch „typische" Wesensmerkmale – von eher ruhig bis sehr aktiv – auf. Interessenten erkundigen sich am besten vorab bei spezialisierten Vereinen und angehörigen Züchtern, im Tierheim oder auch in Fachzeitschriften.

Wenn auch Züchter und Mitarbeiter des Tierheims künftigen Hunde- und Katzenbesitzern viele Fragen stellen, ist das keine Neugier, sondern berechtigtes Interesse – und in der Regel ein gutes Zeichen. Schließlich wollen sie, dass ihre Schützlinge im neuen Zuhause glücklich werden.

! Ob Sie Ihren Hund oder Ihre Katze vom Züchter, aus dem Tierheim oder einem Wurf von vertrauenswürdigen Freunden und Bekannten bekommen: Achten Sie darauf, dass das Tier gesund ist. Klären Sie nachweislich, wann erforderliche Untersuchungen und Vorsorgemaßnahmen wie Impfungen und Wurmkuren erfolgt sind beziehungsweise welche demnächst anstehen.

Für den besten Start zu Hause ...

... richtet sich die Familie frühzeitig auf ihr neues Mitglied ein. Dazu gehört nicht nur die Grundausstattung mit Körbchen, Transportbox, Futter- und Wassernapf, Utensilien für die Fellpflege, Kratzbaum und Katzenklo, Hundeleine und artgerechtem Spielzeug. Künftige Hunde- und Katzenhalter sollten auch an Sicherheitsvorkehrungen in Haus und Garten wie zum Beispiel Schutzvorrichtungen an Treppen und Fenstern denken, die ihre neugierigen Jungtiere – auch noch, wenn sie erwachsen sind – vor Unfällen schützen.

Gut zu wissen: Chemikalien, Haushaltsreiniger und Medikamente unzugänglich aufzubewahren, versteht sich meist von selbst. Manchmal lauern die Gefahren aber auch dort, wo wir sie gar nicht vermuten. So bei Pflanzen in Wohnungen, die für Hunde und Katzen giftig sind, z. B. Lilien oder Azaleen. Übrigens: Auch Schokolade und Rosinen sind für Tiere tabu und sollten unzugänglich sein.

Erkundigen Sie sich bei Experten wie dem Tierarzt, dem Züchter oder Tierverbänden und -vereinen nach weiteren Pflanzen oder Gegenständen, die Sie Ihrem Haustier zuliebe meiden oder sichern sollten.

Das Wirgefühl stärken

„Welchen Namen findest du am schönsten?" – „Gefällt dir dieser oder der andere Fressnapf am besten?" – „Meinst du, in diesem Körbchen könnte sich Keks wohlfühlen?": Wenn Kinder in die Vorbereitungen einbezogen werden, schafft das schon vor der Ankunft zu Hause eine Bindung zum Haustier. Ein Plus für die Zeit, wenn die erste Euphorie und damit auch die Lust, Aufgaben in der Pflege von Hund und Katze zu übernehmen, möglicherweise nachlässt. Der Nachwuchs erfährt auf diese Weise nebenbei auch schon einiges über die artgerechten Bedürfnisse des Vierbeiners.

Tipp: Regelmäßige Familienkonferenzen erleichtern später die Aufgabenverteilung und zeigen Kindern: Ich werde ernst genommen und bin für das Tier wichtig.

Das Zusammenleben mit Hund und Katze

Junge Tiere benötigen nach dem Abschied von der Mutter und den Geschwistern Zeit und besondere Aufmerksamkeit, um sich in ihrer neuen Umgebung einzugewöhnen. Auch wenn die Hunde- und Katzenbabys noch so süß sind: Sie sind kein Spielzeug, sondern Lebewesen mit Gefühlen. Bei Kindern ist erst einmal Zurückhaltung und langsame Annäherung angesagt. Mama und Papa sind immer dabei und zeigen, wie es geht. Vor allem auch mit klaren Regeln für Mensch und Tier.

Bitte nicht stören!

Hunde und Katzen brauchen Ruhezonen. Dorthin dürfen sie sich zurückziehen, wenn sie Stress haben, ausruhen oder schlafen wollen. So wie Kinder in ihrem eigenen Zimmer. Dann heißt es: stören verboten!

Auch wenn die Tiere fressen oder mit ihrem Lieblingsspielzeug beschäftigt sind, möchten sie in Ruhe gelassen werden. Das muss der Nachwuchs von Anfang an lernen und akzeptieren.

Sie können Ihren Kindern und Enkeln erklären, dass es ihren Lieblingen dabei ähnlich geht wie ihnen selbst. Und dass die Tiere möglicherweise ärgerlich und aggressiv reagieren, wenn ihre Bedürfnisse nicht geachtet werden.

Gemeinsam in die Schule gehen

Die Erziehung von Hund und Katze beginnt gleich nach der Ankunft im neuen Zuhause. Auch Katzen lassen sich – wenngleich nicht so weitgehend wie Hunde – in kurzen, auf positive Bestärkung und Belohnung ausgerichteten Trainingseinheiten zu einigem anleiten. So, wenn es darum geht, den Esstisch in Ruhe zu lassen, die Krallen statt am Ledersofa am eigenen Kratzbaum zu wetzen und den Hund in der Familie als Kumpel zu akzeptieren.

Tipps: Machen Sie Ihr Haustier gleich mit seinem Namen vertraut. Sprechen Sie es immer, wenn Sie sich ihm zuwenden und eine Reaktion erwarten, damit an. Dann wird es bald auf Ihren namentlichen Zuruf reagieren.

Besonders gut gelingt das am Anfang auch über geliebte Rituale: Zum Beispiel beim Füttern – zur gleichen Zeit am selben ruhigen Ort –, Spielen, Streicheln und beim Hund auch beim Gassigehen.

Gewohnte Abläufe fördern das Ankommen im neuen Zuhause und in der Familie.

Ob für Welpen oder größere Hunde: Hundeschulen bieten gemeinsame Kurse mit Herrchen oder Frauchen an. Sie unterstützen mit spielerischer Freude und Spaß das gegenseitige Kennenlernen und erleichtern die artgerechte Erziehung des Hundes. Kindgerechte Angebote führen ebenfalls zu mehr Sicherheit im Umgang mit dem Hund.

Kind und Hund im „Familienrudel"

Eltern und Großeltern sind gerade für kleinere Kinder die größten Vorbilder. Das gilt auch, wenn es um das angemessene Spielen, Streicheln oder Füttern – kurz: den richtigen Umgang mit dem Tier – geht.

Die Erziehung eines Hundes bleibt aber grundsätzlich Erwachsenen vorbehalten. Denn Hunde sind Rudeltiere: Auch in ihrem „Familienrudel" gibt es für sie eine Hierarchie. Ton angebendes „Leittier" kann bis zur nötigen Reife und Größe eines älteren Kindes beziehungsweise Jugendlichen nur ein Erwachsener sein.

Das Einüben von kleinen Kommandos und Tricks im Beisein der Eltern ist okay, versucht ein Kind jedoch, den Hund zu maßregeln, könnte das Tier dies als Aufforderung zum Machtkampf verstehen. Diesen gilt es von vornherein zu verhindern, ganz gleich, ob unangebrachtes Verhalten des Kindes oder des Hundes der Auslöser sein könnte.

Gut zu wissen: Gassi gehen sollten Mädchen und Jungen unter 12 Jahren auch mit kleinen Hunden nicht alleine – und selbst als Jugendliche erst abhängig von ihrer individuellen Reife und der Beherrschbarkeit des Hundes.

Wenn Kinder den Eltern oder Großeltern mit kleineren Aufgaben altersgemäß helfen – zum Beispiel beim Füttern, Wasserbereitstellen und Bürsten des Fells ihres Lieblings – stärkt das die Bindung zum Tier und die Stellung der Heranwachsenden im „Rudelverband". Mit zunehmendem Alter kann das Kind mehr Aufgaben übernehmen.

Wir lernen uns richtig kennen – mit Sicherheit!

Für Kinder ist es wichtig zu wissen, dass Tiere sich anders verhalten als Menschen. Eltern können ihnen erklären, dass Hund und Katze – wenn auch in abgeschwächter Form – teilweise immer noch Instinkten folgen, die sie mit ihren Raubtiervorfahren Wolf und Falbkatze teilen. Deshalb können Missverständnisse zwischen Mensch und Tier auch mit Bissen oder Kratzern enden.

Viele Missverständnisse lassen sich durch das nötige Wissen weitgehend vermeiden. Kinder sollten früh damit vertraut gemacht werden, was Hund und Katze mögen und was sie nicht leiden können. Helfen Sie ihnen, die Körpersprache des Tieres zu verstehen. Denn mit ihr und den zugehörigen Lauten drückt es seine Gefühle aus und warnt gegebenenfalls: Gleich wird es mir zu viel!

! Vorsicht ist auch im Umgang mit fremden Hunden geboten. Denn das freundliche Verhalten des eigenen Vierbeiners lässt noch lange nicht auf Unsicherheit, Angst oder Aggression eines anderen Hundes schließen, der vielleicht schlechte Erfahrungen mit Kindern gemacht hat. Erwachsene sind Vorbild und zeigen, wie man sich am besten verhält.

Wichtig zu wissen: Lassen Sie vor allem jüngere Kinder nie mit Hund und Katze alleine. Aber auch wenn ältere Kinder mit Hunden spielen, sollte ein Erwachsener in der Nähe sein, um bei Bedarf helfend einzugreifen.

Liebe und Wohlbefinden gehen durch den Magen

Tiere sind keine Menschen und Hunde keine Katzen. Das zeigt sich auch in der Ernährung. Alle Lebewesen müssen artgerechte Nahrung erhalten, um gesund zu bleiben und sich wohlzufühlen. Eine auf die Bedürfnisse der Tiere abgestimmte Ernährung spiegelt sich in Knochenbau, Haut, Haaren, Zähnen und nicht zuletzt in einem starken Immunsystem wider.

Katzen sind zoologisch gesehen Raubtiere, die sich von frisch geschlagenen Beutetieren ernähren. Im Vergleich zum Hund braucht die Katze einen doppelt so hohen Anteil an Protein in ihrer Nahrung und hat daher einen hohen Fleischbedarf. Katzen müssen tierisches Eiweiß aufnehmen, denn nur darin ist Taurin enthalten, das für sie lebenswichtig ist.

Gut zu wissen: Artgerechte Leckerlis und Snacks dürfen auch bei Tieren nur in Maßen gefüttert werden, da es sonst – ähnlich wie bei Naschereien für Kinder und Erwachsene – zu gesundheitsschädlichen Gewichtsproblemen kommen kann.

Was dem Junior gut tut, kann für den Senior zu viel sein. Die Nahrung sollte dem Alter und individuellen Energiebedarf der Tiere angepasst sein. Hochwertige

Tierfertignahrung ist in ihrer Zusammensetzung genau auf die jeweiligen Bedürfnisse von Hund und Katze abgestimmt. Wer das Futter selbst zubereitet, sollte die passende Zusammensetzung mit dem Tierarzt absprechen, um den erforderlichen Nährstoffgehalt berechnen zu können.

Gut zu wissen: Von der Mutter entwöhnte Katzen brauchen, anders als häufig angenommen, keine Milch. Im Gegenteil: Viele Katzen können den in der Kuhmilch enthaltenen Milchzucker nicht verdauen und bekommen davon Durchfall. Durst löschen Katzen wie Hunde am besten mit Wasser.

Häppchen vom Esstisch der Familie sollten für die Tiere tabu sein. Sie können das erforderliche Nährstoffgleichgewicht stören. Einige Nahrungsmittel sind für Hund und Katze sogar richtig gefährlich.

Das dürfen Hund und Katze auf keinen Fall fressen!

- Schokolade ist für Hunde giftig. Übrigens auch für Katzen: Diese zeigen aber im Gegensatz zu Hunden von selbst äußerst selten Interesse daran.
- Giftig sind für beide Tierarten unter anderem auch Weintrauben, Rosinen, Zwiebeln, Lauch und Knoblauch.
- Durch rohes Schweinefleisch kann das Aujeszki-Virus übertragen werden: Es führt zu einer Infektionskrankheit, die bei Hunden und Katzen tödlich verläuft.
- Leicht splitternde Hühnerknochen(teile) im Futter können schlimme Verletzungen verursachen.

Miteinander sind wir stark: Vorteile des Zusammenlebens

Haustiere, vor allem Hunde, bringen ihre Familie in Bewegung. Das fördert die Fitness und Gesundheit, Konzentrations- und Lernfähigkeit von Jung und Alt.

Kinder, die zu viel Zeit vor dem Bildschirm verbringen, entdecken oft auf ganz selbstverständliche und spielerische Weise, die Freude am Aufenthalt in der Natur wieder. Und das auch gerne gemeinsam mit Mama, Papa, Oma und Opa, die ihnen dort so viel zeigen können. Hund und Katze fördern bei Kindern, die im Umgang mit den Vierbeinern viel Nützliches lernen können, aber auch Empathie, Selbstbewusstsein und wichtige soziale Kompetenzen wie Rücksichtnahme und Verantwortungsbewusstsein. Auch bei Erwachsenen steigern sie nachgewiesenermaßen das Wohlbefinden.

Warum Mensch und Tier gemeinsam glücklicher sind

- Wer viel Liebe gibt, bekommt sie von seinem Haustier auch bedingungslos zurück: Das stärkt schon bei Kindern das Selbstwertgefühl und das Vertrauen in die eigenen Fähigkeiten.

- Kinder können im Umgang mit dem geliebten Vierbeiner früh lernen: Freundschaft und Wohlbefinden setzt Achtung voraus. So wie ich behandelt werden möchte, sollte ich auch mit meinem Hund oder meiner Katze umgehen. Das schafft Verantwortungsgefühl (siehe das Kapitel „Liebe fürs Leben“, Seite 26). Der Lernerfolg spiegelt sich meist auch im zwischenmenschlichen Verhalten wider.
- Ein Haustier findet „seine“ Menschen immer toll – egal wie sie gerade aussehen oder in welcher Stimmungslage sie sich befinden.
- Die Kommunikationsfähigkeit mit und ohne Worte wird durch ein Haustier gestärkt. Hat ein Kind Kummer, fühlt es sich oft getröstet, wenn es seinem Hund oder seiner Katze davon erzählt. Das Tier erzählt die Geheimnisse garantiert nicht weiter. Möglicher Stress wird so leichter abgebaut.
- Wenn der Hund mit zur Arbeit geht, wird auch das Stresslevel der Erwachsenen reduziert. Denn hier sind Streicheleinheiten, Bewegung und Kommunikation gleichermaßen unverzichtbar. Wer den Hund mitbringen darf, Bewegungs- und Spielpausen flexibel planen kann und über Räumlichkeiten verfügt, die sich tierfreundlich gestalten lassen, sollte die Möglichkeit nutzen.
- Haustiere sorgen für jede Menge Gesprächsstoff: unter Kollegen, Bekannten, Hundebesitzern, die sich auf einem Spaziergang begegnen, und natürlich unter Kindern. Auf diese Weise entsteht so manche neue Freundschaft.